BEI GRIN MACHT SICH IHR WISSEN BEZAHLT

- Wir veröffentlichen Ihre Hausarbeit, Bachelor- und Masterarbeit

- Ihr eigenes eBook und Buch - weltweit in allen wichtigen Shops

- Verdienen Sie an jedem Verkauf

Jetzt bei www.GRIN.com hochladen und kostenlos publizieren

Bibliografische Information der Deutschen Nationalbibliothek:

Die Deutsche Bibliothek verzeichnet diese Publikation in der Deutschen National-
bibliografie; detaillierte bibliografische Daten sind im Internet über http://dnb.d-
nb.de/ abrufbar.

Impressum:

Copyright © 2017 GRIN Verlag, Open Publishing GmbH
Druck und Bindung: Books on Demand GmbH, Norderstedt Germany
ISBN: 9783668606388

Dieses Buch bei GRIN:

https://www.grin.com/document/386180

Anja Winterhagen

Ist die nachträgliche Sicherheitsverwahrung legitim? Legitimitätsprinzip und Generalpräventionstheorie

GRIN Verlag

Universität Koblenz-Landau
Fachbereich 2: Philologie/Kulturwissenschaften
Seminar: Rechtsphilosophie

Sommersemester 2017

Ist die nachträgliche Sicherungsverwahrung legitim?

- Der aktuelle Rechtsstatus
- Zwei unterschiedliche Grundtheorien

Anja Winterhagen

Bachelor of Education (2. Fachsemester)

Inhaltsverzeichnis

1. Gendererklärung

Zur besseren Lesbarkeit wird darauf verzichtet, weibliche oder männliche Bezeichnungen zu verwenden. Die verwendeten Bezeichnungen sind auf alle Gender zu verstehen.

2. Legitimitätsbegriff

Da die Legitimität/Legalität der nachträglichen Sicherheitsverwahrung rechtlich bestätigt ist, wird sie in diesem Text von der Verfasserin eher als umgangssprachlich normativ und nicht juristisch benutzt.

3. Einleitung

Jeder kennt es, durch die Nachrichten wird bekannt gegeben, dass ein schlimmes Gewaltverbrechen verübt wurde und der Täter dafür nur ein paar Jahre ins Gefängnis muss. Der Gedanke fast jedes Bürgers ist: „der darf nie wieder raus". Möglich ist es mit der „Sicherheitsverwahrung", ein Wort, mit dem nicht jeder etwas anfangen kann, das aber fast jeder schon einmal gehört hat. Aber es ist ein sehr umstrittenes Thema. Es sich lohnt sich, dahinter zu schauen und selber Überlegungen anzustellen, ob dies eine wirkungsvolle Maßnahme sein könnte, ob sie wirklich legitim ist und ob man diese selber als Gut befindet. Die Frage, die sich nun unter dieser Gesetzeslage stellt, ist die, ob es legitim ist eine nachträgliche Sicherheitsverwahrung auszusprechen. Ich möchte in dieser Ausführung kurz erklären, was eine Sicherheitsverwahrung ist und zwei unterschiedliche Theorien und Fallbeispiele vorstellen. Die Theorien werden sodann mit den Fallbeispielen verknüpft, sodass ein nachvollziehbarer Gedankengang zu einem Pro oder Contra der nachträglichen Sicherheitsverwahrung erstellt werden kann. Schlussendlich besteht die Möglichkeit einer Meinung, ob die nachträgliche Sicherheitsverwahrung unter Beachtung der zuvor erworbenen neuen Kenntnisse und unter dem Aspekt der Menschenrechte vertretbar beziehungsweise legitim ist.

3.1 Sicherheitsverwahrung

Hier möchte ich zuerst kurz erklären, was das Wort bedeutet und wie die Geschichte der Sicherheitsverwahrung verlaufen ist.

Die Sicherungsverwahrung gemäß § 66 StGB ist im Jahre 1933 eingeführt worden. Unter besonderer Beachtung diverser Kriterien wird diese ausgesprochen. Der Täter muss "mindestens drei vorsätzlich begangene Straftaten verübt haben, wo er zu mindestens einer

Freiheitsstrafe von bis zu drei Jahren verurteilt wurde und hiervon mindestens ein Jahr verwirkt hat und zuzüglich einen Hang zu erheblichen Straftaten bei ihm vorliegen, haben[1]". Hauptsächlich liegen diese Kriterien bei Sexualstraftaten und schweren Gewaltverbrechen vor.

Im Jahre 2004 wurde die nachträgliche unbefristete Sicherungsverwahrung eingeführt, die für Mehrfachtäter, deren besondere Gefährlichkeit sich erst nach der Verurteilung ergeben hat, zur Anwendung kam.

2011 wurde diese Verordnung von dem Europäischen Gerichtshof für Menschenrechte als nicht verfassungskonform betrachtet und eine Neuregelung angeordnet. Es folgte eine Neuregelung, wonach Straftaten, die bis zum 31.12.2010 verurteilt wurden, unter das alte Recht fallen, und alle Sicherheitsverwahrten, die ab dem 01.01.2011 verurteilt worden, eine Aufhebung der Sicherheitsverwahrung erhielten. Zusätzlich wurde ein neues "Therapieunterbringungsgesetz"[2] geschaffen.

Die heutige Rechtslage sieht ähnlich aus wie die ursprüngliche Gesetzgebung (siehe hierzu § 66 ff. StGB), nur die nachträgliche Sicherungsverwahrung hat sich in dem Maße geändert, dass zuerst eine Verurteilung gemäß § 63 StGB erfolgen muss und aufgrund einer gutachterlichen Stellungnahme unter besonderen Voraussetzungen der erfüllenden Kriterien der Gefährlichkeitsprognose schwere Straftaten zu erwarten sind. Dann wird eine weitere Verweildauer in einem psychiatrischen Krankenhaus verordnet (vgl. § 66 b StGB).

4. Legitimitätsprinzip und Generalpräventionstheorie

Es gibt viele Überlegungen, ob diese Maßnahme einer Legitimität entspricht und auch unterschiedliche Auffassungen darüber. Was spricht dafür und was dagegen? Um hier etwas einzugrenzen, habe ich mich auf die Legitimitätstheorie von Frank Urbaniok und die Generalpräventionstheorie in der Darstellung von Norbert Hoerster bezogen.
Frank Urbaniok ist Facharzt für Psychiatrie und Psychotherapie und leitender Chefarzt im psychiatrisch psychologischen Dienst einer Justizvollzugsanstalt in der Schweiz, der sehr viel Erfahrung aus der Praxis mitbringt.

---

[1] http://www.krimlex.de/artikel.php?BUCHSTABE=&KL_ID=166

[2] J.L. Müller/N. Nedopil/ N. Saimeh/ E. Habermeer/ P. Falkai (Hsgb): Sicherungsverwahrungs-wissenschaftliche Basis und Positionsbestimmung. Medizinisch Wissenschaftliche Verlagsgesellschaft, Berlin 2012

4

Norbert Hoerster ist ein deutscher Philosoph und Professor für Rechtswissenschaft und Philosophie, der anhand seiner Überlegungen andere Blickwinkel zu dieser These offenbart.

4.1 Das Legitimitätprinzip nach Urbaniok

Frank Urbaniok erklärt sein Legitimitätsprinzip mit kurzen, klaren Worten: "Menschen tun das, was sie als legitim empfinden[3]". Das Zusammenspiel von "menschlichen Kognitionen, Affekten und Wahrnehmungen[4]" ist das, was nach Urbaniok bei der menschlichen Psyche die selbstbestimmende Legitimität ausmacht. Auch das Bewusstsein der Legalität ist ein Teil der inneren Psyche. Wie in allem sind auch die Empfindungen unterschiedlich, was darauf hinzielt, dass das, was für manche Menschen legitim oder legal erscheint vielleicht für andere nicht legitim oder legal ist. Ein Straftäter verübt unter anderem eine Straftat, weil sie für ihn als legitim und legal erscheint. Um dieses etwas zu verdeutlichen möchte ich einen Bezug zu einem Fallbeispiel aus der Praxis von Frank Urbaniok herstellen.

Aufgrund seiner Erkrankung "Impulssteuerungsdefizit" vergewaltigt ein Zuhälter "seine" Prostituierte. Sie hat seiner Meinung nach Geld unterschlagen und durch diese Tat habe er sie dafür bestraft. Er selbst sieht das nicht als Verbrechen und sieht sich auch nicht als Sexualstraftäter, da nach seinem Verständnis ein Sexualstraftäter ausschließlich Minderwertigkeitskomplexe gegenüber Frauen hat[5].

Dieses Beispiel macht sehr deutlich, dass die individuelle Definition von Legitimität und Legalität/das individuelle Urteil darüber, was legitim bzw. legal ist/ sehr unterschiedlich sein kann.

Gerade diese unterschiedliche Auffassung ist maßgeblich daran beteiligt, ob ein Straftäter eine nachträgliche Sicherungsverwahrung erhält oder nicht. Frank Urbaniok vertritt den Standpunkt, dass es ein entscheidender Punkt in dieser Maßnahme ist, dass während der Haftzeit entsprechendes Unternommen werden muss, damit der Straftäter nicht gleichgefährlich oder sogar gefährlicher aus dem Strafvollzug entlassen wird[6]. Die Behandlung von Straftätern sollte

---

[3] Urbaniok, Frank: Was sind das für Menschen – was können wir tun; Nachdenken über Straftäter. Zytglogge Verlag, Bern 2003.

[4] Vgl. Seite 15 Urbaniok, Frank: Was sind das für Menschen

[5] Vgl. Seite 18 Urbaniok, Frank: Was sind das für Menschen
[6] Vgl. Seite 25 Urbaniok, Frank: Was sind das für Menschen

"sinnvoll und verhältnismäßig[7]" und hauptsächlich präventiv sein. Weiterhin ist er der Auffassung, dass es einen berechtigten Anspruch der Allgemeinheit bedarf und somit auch berücksichtigt werden sollte, ob hier der Einzelne zum Schutz der Allgemeinheit besser behandelt werden sollte. Für diese Risikobeurteilung gibt es "forensische Gutachter", die ein Aktenstudium sowie eine Exploration der Untergebrachten durchführen, im Anschluss alle Punkte neutral bewerten und dann eine Aussage darüber tätigen, mit welcher Prognose zu rechnen ist[8]. Frank Urbaniok stellt sogar die These auf, dass "jede Tat [...] vorauszusehen bzw. im Vorfeld zu erkennen sei[9]" und somit eine entsprechende Maßregel erfolgen kann.

Zusammenfassend ist für Frank Urbaniok die Legitimität der nachträglichen Sicherungsverwahrung unter Beachtung oben angeführten Punkte mithilfe diverser Hilfsmittel wie Gutachter und Prognosemittel durchaus legitim. Jedoch sollte hier weiterhin präventiv gearbeitet werden, um eine Verhaltensänderung der Person hervorzurufen, damit die Sicherheitsverwahrung aufgehoben werden kann.

4.2 Die Generalprävention als Legitimitätstheorie nach Hoerster

„Der Täter eines Diebstahls soll also deshalb bestraft werden, damit in Zukunft entweder er selbst nicht mehr stiehlt oder damit in Zukunft die Bürger generell nicht mehr stehlen[10]". Norbert Hoerster hat sich mit diversen Theorien auseinandergesetzt und für ihn stellt sich die „Generalprävention[11]" als Theorie der Legitimität am sinnigsten dar. Die bezieht sich „auf die Sozialisierung und Rechtstreue der Bürger[12]". Hierzu erklärt Hoerster, was denn gerecht ist und welche Grundrechte für jedes Individuum zu beachten sind. Er erläutert, dass sich „das Wort gerecht [...] auf menschliches Verhalten [...] in Bezug auf andere Menschen [....] nicht selten [...] auf soziale Regeln oder Normen wie vom Staat erlassenen Gesetzten[13]" beruht und somit das Bürgertum über seine „Rechtspflichten in Kenntnis gesetzt und so ihr Rechtsbewusstsein [ge]stärkt wird[14]". Auch hier wird darauf gebaut, dass man durch verschiedene Maßnahmen

---

[7] Vgl. Seite 171 Urbaniok, Frank: Was sind das für Menschen
[8] Urbaniok, Frank: Was sind das für Menschen – was können wir tun; Nachdenken über Straftäter. S. 215. Zytglogge Verlag, Bern 2003
[9] Vgl. Seite 218 Urbaniok, Frank: Was sind das für Menschen
[10] Hoerster, Norbert: Muss Strafe sein? Positionen der Philosophie. C.H. Beck Verlag. München 2010
[11] Vgl. S. 51 Hoerster, Norbert: Muss Strafe sein?
[12] Vgl. S. 65 Hoerster, Norbert: Muss Strafe sein?
[13] Hoerster, Norbert: Was ist eine gerechte Gesellschaft? Eine philosophische Grundlegung. (S. 13). München: C.H. Beck, 2013
[14] Vgl. S. 65 Hoerster, Norbert: Muss Strafe sein?

dazu beitragen kann, dass eine Straffälligkeit in der Zukunft verhindert wird. Ein Teil der Generalprävention ist die Maßnahme der Abschreckung von Straftaten in dem Sinne, dass eine Strafandrohung bereits dazu führt, dass die Täter von Straftaten abgehalten und/oder abgeschreckt werden.

5. Fallbeispiele

Um im nächsten Punkt eine bessere Erklärungsgrundlage zu haben, wird die Verfasserin zwei Fallbeispiele nennen.

Fall 1[15]:

Silvio S. wurde wegen Mordes an zwei Kindern zu lebenslanger Haft verurteilt. Ein Antrag auf Sicherheitsverwahrung wurde im Erstprozess abgelehnt, da keine gesicherte Gefährlichkeitsprognose gestellt werden konnte.

Nun hat der Bundesgerichtshof entschieden, dass die Gefährlichkeit des Mannes erneut überprüft werden muss und ggf. die nachträgliche Sicherungsverwahrung somit in Kraft tritt. Die Staatsanwaltschaft ist überzeugt, dass er weitere Straftaten verüben wird, da er als Serientäter in Frage kommt. Um die Umstände besser verstehen zu können hier einige Informationen zu Silvio S.:

Kontrollwütiger Vater, keine Freunde, Mobbingopfer, schlechte Noten, wenig belastbar, einsam.

Gesteigerter Wunsch nach Zuwendung und Sexualität führte zu Frustrationen und Wunschträumen, das Gesehene aus Sado-Maso-Pornos in die Tat umzusetzen. Aufgrund der geringen Widerstandskraft sucht er sich Kinder als Opfer aus und plante sehr penibel den Ablauf seiner Tat. Das erste Kind wurde mehrfach von ihm vergewaltigt und das zweite augenscheinlich „nur" misshandelt, bevor er beide erstickte[16].

---

[15] http://www.spiegel.de/panorama/justiz/silvio-s-gericht-muss-sicherungsverwahrung-fuer-kindermoerder-erneut-pruefen-a-1154867.html
[16] http://www.spiegel.de/panorama/justiz/potsdam-kindsmord-prozess-sie-haben-zwei-menschenleben-ausgeloescht-a-1104764.html

Fall 2[17]**:**

Ein junger Mann wurde nach einem Mord mit anschließendem Missbrauch an der Leiche zu einer 10-jährigen Haftstrafe verurteilt. Während seiner Haftzeit wurde eine "sexuell-sadistische Störung" bekannt, woraufhin die Empfehlung einer nachträglichen Sicherheitsverwahrung ausgesprochen und ausgeführt wurde. Er wurde in eine entsprechende Einrichtung zur Behandlung verlegt, lehnt jedoch alle therapeutischen Maßnahmen ab.

6. Pro und Contra

Wenn man sich nun den Fall 1 betrachtet und die beiden Theorien bzw. Prinzipien gegenüberstellt hat man eine interessante Sichtweise.

Wie bereits festgestellt ist Frank Urbaniok der Auffassung, dass man den Täter richtig beurteilen und entsprechend behandeln sollte, damit er nicht mehr straffällig wird. Hier kommt bereits der erste Teil zum Tragen. Wie zu Beginn der Verhandlung deutlich wird, ist es dem Täter bewusst, etwas Falsches getan zu haben, was die Grundlage einer in der Haftzeit eventuell beginnenden Therapie gewesen wäre. Wie der Staatsanwalt bemängelte, wurde keine ausreichende prognostische Untersuchung vollzogen sondern lediglich ein Gutachter gehört, der „dem Angeklagten keinen Hang zur Begehung weiterer schwerer Straftaten bescheinigt[e]"[18]. Die Staatsanwaltschaft ist jedoch der Meinung, dass Silvio S. die Tendenz zu einem Serienmörder hat, was er durch die zweite sehr ähnliche Tat eigentlich bereits unter Beweis gestellt hat. Ein weiterer Punkt wäre die Feststellung einer psychischen Störung, die in dem ersten erstellten Gutachten nicht erfolgt ist.

Um die nachträgliche Sicherungsverwahrung zu begründen, müsste gemäß § 66b StGB der Verurteilte nicht in einem Psychiatrischen Krankenhaus untergebracht werden, aber voraussichtlich nach der Haft, da erneute Straftaten zu erwarten sind. So müsste nach der Urbaniok'schen Auffassung bei Silvio S. bereits während der Haftzeit eine entsprechende Sensibilisierung seiner Kognitionen, Affekte und Wahrnehmungen stattfinden. Weiterhin sollte beurteilt werden, ob der Anspruch der Allgemeinheit oder das grundsätzliche Menschenrecht auf Freiheit Silvio S's schwerer wiegt. Um diese Punkte zu beachten, muss er regelmäßig

---

[17] LTO Legal Tribune Online. [Online] 03. 02 2017. [Zitat vom: 30. 09 2017.]
https://www.lto.de/recht/nachrichten/n/egmr-urteil-10211-12-sicherungsverwahrung-jugendliche/.
[18] **Spiegel online. [Online] 27. 04 2017. [Zitat vom: 30. 09 2017.]**
http://www.spiegel.de/panorama/justiz/silvio-s-gericht-muss-sicherungsverwahrung-fuer-kindermoerder-erneut-pruefen-a-1154867.html.

prognostisch beurteilt werden, um eine Rückfälligkeit zu vermindern bzw. zu vermeiden. Wie Hoerster ist aber auch er der Auffassung, dass das Rechtsbewusstsein des Täters gestärkt werden muss und eine entsprechende Sozialisierung erfolgt.

Problematischer würde ich hier die Anwendung der Spezialprävention sehen. Da hier bereits im Vorfeld ein Versäumnis des Rechtsverständnisses und der Rechtstreue entstanden ist, kann lt. Hoerster hier nicht präventiv entgegengewirkt werden. Andererseits kann man auch hier die Haftzeit nutzen, um ihm bewusst zu machen, welche späteren Strafen ihn bei einer Wiederholungstat erwarten würden. Im Gegenzug seines nicht kontrollierten und sich deutlich steigernden Dranges, seine eigene Legalitätsgrenze nach oben zu setzten, erscheint es sehr schwer, hier präventiv einzugreifen zu können. Ihm war bereits bei der Begehung bewusst, dass seine Taten falsch waren und er hat sie dennoch verübt. Ihm war bewusst, dass mit einer Bestrafung zu rechnen war. Hier geht die Verfasserin davon aus, dass die Urbaniok'sche Methode greifen könnte, da sie an der Basis des Täters arbeitet.

Eine nachträgliche Sicherheitsverwahrung könnte hier tatsächlich von Nutzen sein, um ausreichend Zeit dafür zu haben, die Persönlichkeit von Silvio S. so zu beeinflussen, dass die Wahrscheinlichkeit einer erneuten Straftat in Freiheit deutlich sinkt. Somit wäre hier eine nachträgliche Sicherheitsverwahrung vertretbar. Auch sein Recht auf Freiheit wäre in dem Sinne gewahrt, da aufgrund seiner eventuell erfolgten Verhaltensänderung, er nicht mehr straffällig wird und sich somit selber schützt. Gleichzeitig wird auch der Anspruch der Gesellschaft genüge getan, da die Gefährlichkeitsprognose sinkt.

In Fall 2 würde die Legitimitätstheorie von Urbaniok genauso wenig greifen wie die Generalpräventionstheorie. Hier ist aufgrund einer psychischen Störung die Auffassung für das Rechtsbewusstsein nicht gegeben, und aufgrund seiner Ablehnung einer Therapie keine Sensibilisierung zu erwarten, um später weitere Delikte zu verhindern. Hier käme dann auch noch der Anspruch auf den Schutz der Allgemeinheit hinzu. Zwar hat auch der Inhaftierte ein Recht auf Freiheit, aber in diesem Fall sollte das Allgemeinwohl vor dem Einzelwohl gehen. Dem jungen Mann wird „lediglich" sein Freiraum eingegrenzt, der Allgemeinheit eventuell ein Leben abgefordert. Somit ist wäre hier die nachträgliche Sicherheitsverwahrung vertretbar.

Bei einer Gegenüberstellung der einzelnen Aspekte stehen scheinbar mehr Punkte für als gegen die nachträgliche Sicherheitsverwahrung. In erster Linie steht als Gegenargument das Recht auf Freiheit des Menschen. Niemand hat das Recht eine Person in seinen Freiräumen zu begrenzen. Ist es aber zum Schutz der eigenen oder anderer Personen sollte dies möglich sein, womit der Grundstein der nachträglichen Sicherheitsverwahrung bereits gelegt ist. Sicherlich ist es sinnig immer präventiv zu arbeiten, um erst gar nicht in diese Situation der Entscheidung zu kommen. Ein gesundes Rechtsbewusstsein, wie es Hoerster anspricht, ist ein Grundstein der Vermeidung von Straftaten. Sollten diese jedoch doch geschehen ist die Alternative von Urbaniok vielleicht die „Wahl". Es kann während der Unterbringung mit dem Straftäter gearbeitet werden und nach Abschätzung des Risikos zum Schutz der eigenen Person und der Allgemeinheit die nachträgliche Sicherheitsverwahrung legitim angeordnet werden. Der Vorteil ist, dass die nachträgliche Sicherheitsverwahrung regelmäßig überprüft wird und bei einer eindeutigen Besserung, diese auch unter Auflagen an den Untergebrachten aufgehoben werden kann.

7. Fazit

Wie man anhand der Fallbeispiele ersehen kann ist es nicht immer einfach zu entscheiden, ob eine nachträgliche Sicherheitsverwahrung legitim bzw. vertretbar ist oder nicht.

Auf der einen Seite steht die Aussage von Hoerster, der sich dafür ausspricht, dass es bei einer präventiven Maßnahme zum einen erst gar nicht zu einer Straftat kommt und zum anderen, dass eine Haftstrafe ausreicht, um den Täter soweit zu bringen, dass er von weiteren Straftaten absieht. Im Gegensatz zu Urbaniok, der sich eher dafür einbringt, die Haftzeit zu verlängern, wenn die Umstände entsprechend vorhanden sind.

Um eine nachträgliche Sicherheitsverwahrung legitimieren zu können, sollten alle Aspekte beachtet werden. In erster Linie sollte man feststellen, ob der Mensch krank ist und wie umfänglich sein Krankheitsmaß ist. Im Anschluss hieran sollte eine Entscheidung getroffen werden, ob er behandelbar ist und ob diese Erfolg hätte. Im Zuge dessen ist abzuwägen, das Wohlergehen der Allgemeinheit in angemessenem Maße gefährdet sein könnte. Hier steht jedoch auch das Recht des Delinquenten auf Freiheit gegen das Recht und den Anspruch der Gesellschaft auf Sicherheit. Wie hoch wird die Rückfälligkeit geschätzt und wie groß würde der Schaden bei einer erneuten Rückfälligkeit ausfallen? Es wird sicherlich immer grenzwertige Fälle geben, wo alle Aspekte peinlich genau abgewägt werden müssen und es wird sicherlich auch Irrtümer geben, welche es zu verhindern gibt. Prinzipiell finde ich, ist die nachträgliche Sicherheitsverwahrung durchaus legitim. Der Schutz der eigenen Person und der Allgemeinheit vor Straftaten die in hohem Maße Schaden verursachen können, sollten immer im Vordergrund stehen.

8. Literaturverzeichnis

1. Hoerster, Norbert. Was ist eine gerechte Gesellschaft? Eine philosophische Grundlegung. München : C.H. Beck, 2013.

2. Hoerster, Norbert. Muss Strafe sein? Positionen der Philosophie. München : C.H. Beck, 2010.

3. Urbaniok, Frank. Was sind das für Menschen was können wir tun. Nachdenken über Straftäter. Bern : Zytglogge Verlag, 2003.

4. J.L. Müller, N. Nedopil, N. SAimeh, E. Habemeer, P. Falkai, [Hrsg.]. Sicherungsverwahrungswissenschaftliche Basis und Positionsbestimmung. Berlin : Medizinisch Wissenschaftliche Verlagsgesellschaft, 2012.

5. Bochum, Ruhr Universität. KrimLex. [Online] Institut für Kriminologie, 2006-2017. [Zitat vom: 03. 09 2017.] http://www.krimlex.de/artikel.php?BUCHSTABE=&KL_ID=166.

6. Spiegel online. [Online] 26. 07 2016. [Zitat vom: 30. 09 2017.] http://www.spiegel.de/panorama/justiz/potsdam-kindsmord-prozess-sie-haben-zwei-menschenleben-ausgeloescht-a-1104764.html.

7. Spiegel online. [Online] 27. 04 2017. [Zitat vom: 30. 09 2017.] http://www.spiegel.de/panorama/justiz/silvio-s-gericht-muss-sicherungsverwahrung-fuer-kindermoerder-erneut-pruefen-a-1154867.html.

8. LTO Legal Tribune Online. [Online] 03. 02 2017. [Zitat vom: 30. 09 2017.] https://www.lto.de/recht/nachrichten/n/egmr-urteil-10211-12-sicherungsverwahrung-jugendliche/.